O_c
1330

CÉLÉBRATION

DE LA

PRISE DE TÉTUAN

à Alger

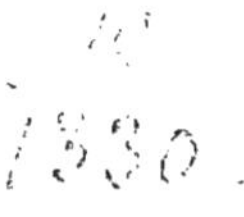
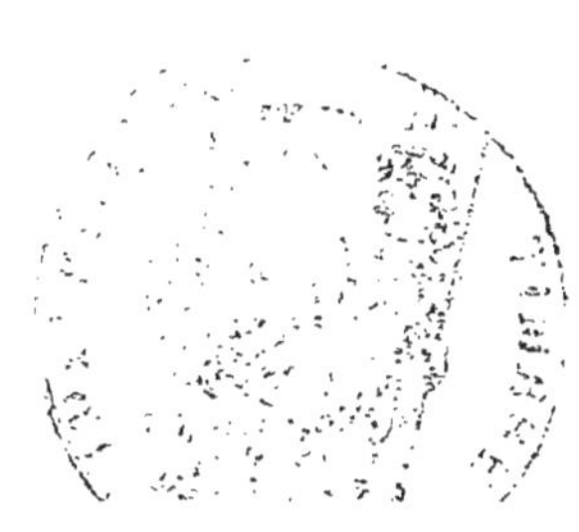

CÉLÉBRATION

DE LA

PRISE DE TÉTUAN

A ALGER

PAR LES ARTISANS ESPAGNOLS

Banquet du 4 Mars 1860

Prix : 50 centimes

AU PROFIT DES BLESSÉS DE L'ARMÉE DU MAROC

ALGER

LIBRAIRIE ALGÉRIENNE DE DUBOS, RUE BAB-AZOUN

Mars 1860

CÉLÉBRATION
DE LA PRISE DE TÉTUAN

A ALGER

BANQUET DU 4 MARS 1860

Le 4 mars, a eu lieu, à Álger, un banquet destiné à célébrer la prise de Tétuan, à laquelle la population espagnole avait été invitée à assister par des avis et des articles insérés dans le journal *l'Algérie nouvelle*.

La commission d'organisation se composait de :

MM. le docteur CAÏMARIS, président;

Segûi de Carreras, directeur de la fête ;

Canisares, commissaire ;

Casar,	*id.*;
Carvino,	*id.*;
Greck,	*id.*;
Marfangon,	*id.*;
Meles,	*id.*;
Perez,	*id.*;
Quintana,	*id.*;
Rosello,	*id.*;
Serrano,	*id.*;
Sitges,	*id.*;
Tolza,	*id.*;

Joseph Romero, trésorier.

Pour conserver le souvenir de cette fête, le Comité a décidé que le présent compte rendu serait publié à ses frais, et vendu au profit des blessés de l'armée espagnole du Maroc.

CÉLÉBRATION

DE LA

PRISE DE TÉTOUAN

a Alger

La réunion a eu lieu à sept heures et demie, à l'*Hôtel du Périgord*, maison Catala.

L'établisssement avait été décoré de drapeaux et de bouquets aux couleurs espagnoles et du drapeau français. La salle du festin avait été ornée de tableaux envoyés d'Espagne et représentant les principaux épisodes de la guerre.

Deux ou trois cents Espagnols se pressaient autour de la table qui avait été dressée dans la grande salle de l'hôtel. Parmi les invités on comptait le Consul général d'Espagne, le Maire de la ville d'Alger, le Vice-Consul, le Colonel des Zouaves, le Docteur Wolters, conseiller municipal, le Chancelier. L'*Algérie nouvelle* se trouvait représentée par M. Édouard Bauer.

Des acclamations unanimes ont salué l'entrée du Maire et du Consul, qui ont été reçus sous une nuée de fleurs.

Au commencement du repas, un bouquet aux couleurs nationales a été distribué à chaque assistant, comme souvenir de cette réunion.

Pendant toute la durée du repas, la musique des Zouaves a fait entendre des fanfares et les hymnes nationaux d'Espagne.

Au dessert des toasts ont été successivement portés.

Le premier toast a été porté par M. le chevalier Zugasti, consul d'Espagne, à la Reine d'Espagne.

M. le docteur Caïmaris, président de la commission du banquet, a porté un toast à l'Empereur des Français, et s'est exprimé en ces termes :

A L'EMPEREUR DES FRANÇAIS

« Messieurs,

» Sur cette terre française, où nous avons reçu une hospitalité si généreuse et si bienveillante, nous devons rendre hommage au Chef de la nation qui nous a accueillis. Je vais donc au-devant du sentiment qui nous anime tous, en portant un toast à Napoléon III.

» Mais, messieurs, dans les circonstances présentes, nous devons nous considérer comme plus particulièrement obligés de donner à nos vœux une expression solennelle, car la politique que le Chef de l'Etat a inaugurée a une tendance en quelque sorte humanitaire et universelle. La guerre de l'indépendance italienne et la fermeté que le gouvernement impérial de France à montrée dans la défense des populations opprimées ont excité notre sincère enthousiasme. De même que les Français applaudissent aux victoires de l'armée espagnole, ainsi applaudissions-nous hier aux triomphes de l'armée française. De même que nos plénipotentiaires ont montré une noble fermeté en repoussant les satisfactions incomplètes du gouvernement marocain, ainsi les hommes d'Etat français ont-ils montré qu'ils ne se laisseraient distraire de leur noble but par aucune considération indigne de la grandeur de la France.

» Messieurs,

» La politique internationale entre dans une phase nouvelle, les nations civilisées ont renoncé à l'isolement dans lequel des préjugés économiques et politiques les condamnaient à vivre. N'avons-nous pas vu les troupes royales marchant sous le drapeau castillan à côté des troupes françaises ; ne voyons-nous pas les soldats anglais se diriger dans les pays les plus reculés de l'Orient côte à côte avec les soldats français, pour venger une injure commune.

» Ne voyons-nous pas la prise de Tétuan célébrée à Alger, avec l'éclat d'une victoire nationale.

» Messieurs, c'est un grand et beau spectacle digne d'exciter l'admiration de tous les hommes de cœur, d'intelligence et de progrès. Ne doit-il pas reporter notre pensée vers le Chef de l'Etat dont la politique a donné le signal d'une fusion si complète de toutes les sympathies, de tous les intérêts, de toutes les gloires.

» D'un autre côté, messieurs, dans notre esprit se pressent des souvenirs que nous ne voulons pas écarter ; ils n'en rendront que plus claire la pensée éminemment sympathique à la France, qui nous anime tous. La plus belle partie de notre gloire nationale, nous le disons sans crainte sur cette terre à jamais française, c'est la guerre de l'indépendance pendant laquelle nos soldats et citoyens ont combattu en héros contre d'autres héros non moins vaillants. Aujourd'hui notre patriotisme n'a pas diminué ; mais il peut, sans arrière-pensée, applaudir à la grandeur de la France : au lieu de nous menacer dans notre indépendance, elle renferme une garantie, une espérance, et des promesses de concours et d'exemples ; ne devons-nous pas rendre à César ce qui appartient à César en admirant ce qu'il y a de grand, d'élevé, de magnanime dans l'usage qu'il a su faire de la force des armes.

» Si l'épée est devenue le glaive de la justice et du droit, si l'étendard de la France ne flotte plus dorénavant dans les combats que pour la paix du monde et pour le salut de la civilisation européenne, nous devons, nous autres étrangers, manifester hautement nos sentiments de reconnaissance.

» Buvons donc, messieurs, à Napoléon III !

M. le Vice-Consul d'Espagne a porté un toast au Maire d'Alger, il s'est exprimé en ces termes :

« Messieurs,

» Après les augustes santés qui viennent d'être portées, et auxquelles nous nous sommes tous associés de si grand cœur, il en est une qui doit particulièrement nous être chère, c'est celle du magistrat estimable que ses qualités ont élevé au poste le plus éminent de la cité, et qui a bien voulu honorer de sa présence cette fête de famille ; de l'homme qui, pendant son long séjour à Alger, n'a cessé, soit comme particulier, soit comme fonctionnaire public, d'être le soutien, le protecteur zélé des Espagnols, je ne suis donc que le sincère interprète des sentiments de vive reconnaissance de mes compatriotes en disant en leur nom autant qu'au mien :

» A M. Sarlande, Maire d'Alger ! »

M. le Maire d'Alger a répondu en ces termes :

« Monsieur le Consul général,

» Messieurs,

» Je suis vivement touché de l'honneur que vous m'avez fait en me conviant à une de ces fêtes qui té-

moignent de votre ardent patriotisme, et sont desti-
nés à laisser de profonds souvenirs dans le cœur de
tous les vrais Espagnols !

» Ce qui m'a le plus sensiblement flatté dans votre
intention de m'associer à cette réunion, c'est que vous
n'avez pas eu seulement en vue le premier magistrat
de la cité qui vous a adoptés pour ses enfants ; il en
est parmi vous, messieurs, que j'ai pour ainsi dire vus
naître, que j'affectionne depuis bien des années, qui
m'ont prêté l'aide de leur collaboration dans ma car-
carrière commerciale ; et le souvenir des excellents
rapports qui n'ont jamais cessé d'exister entre nous
depuis cette époque, a été, j'aime à le croire, le motif
qui leur a surtout fait désirer de me voir parmi eux
dans cette circonstance solennelle !

» Messieurs, avant de porter un toast à votre digne
Consul général, au représentant si honoré de l'Espagne en Algérie, et à la population espagnole dont elle
est la seconde patrie, je crois devoir porter une santé
qui ne vous est pas moins chère qu'aux Français eux-
mêmes.

» L'Impératrice Eugénie, notre gràcieuse souveraine, est issue du plus pur et du plus noble sang espagnol ; elle a porté sur le trône de France l'énergie de
votre glorieuse nation, jointe à toutes les vertus !

» Vous proposer un toast à Sa Majesté l'Impératrice,
c'est faire un appel au sentiment patronal qui vous
anime et satisfaire au nôtre.

» A Sa Majesté l'Impératrice Eugénie !

» A M. le Consul général d'Espagne !

» A la brave et laborieuse population espagnole de
l'Algérie ! »

M. Caïmaris a porté un second toast au prince des Asturies ; il s'est exprimé ainsi, en espagnol.

« Messieurs,

» Après un sommeil d'un demi-siècle, le lion espagnol est sorti de sa fatale léthargie, et, secouant sa puissante crinière, a montré qu'il n'avait rien perdu de son antique vigueur. L'étendard de Castille flotte sur les murs de Tétuan, et l'armée espagnole est accueillie en libératrice par ses misérables habitants. Cette grande victoire est doublement imposante pour l'Espagne ; car, indépendamment des avantages matériels qu'elle en retire, elle y trouve, aux yeux de l'Europe, une importance morale qui, jusqu'alors, lui était déniée.

» Ce n'est pas seulement la prise d'une ville, que nous devons célébrer dans cette réunion espagnole ; c'est le triomphe de la civilisation contre la barbarie ; c'est l'agrandissement moral de notre chère patrie ; c'est enfin l'extinction complète de toutes les haines et de toutes les vengeances des partis, qui, aujourd'hui, sont confondus en un sentiment commun, l'amour de la patrie !

» Messieurs,

» Laissez-nous exprimer, au nom de la Commission du banquet, notre satisfaction et l'enthousiasme que nous éprouvons en voyant aujourd'hui, à cette table, un si grand nombre d'Espagnols fraternisant, sans distinction de classes ni de rangs, réunis le cœur gonflé d'un noble orgueil, d'une joie pure, pour célébrer la gloire de leur patrie. Puissions-nous nous réunir promptement pour célébrer de nouvelles victoires !

» En même temps, n'oublions pas que, si notre

Espagne triomphe, si elle grandit, elle le doit à l'auguste souveraine qui préside à ses destinées. Puisque M. le Consul général a porté un toast à Sa Majesté, je vous proposerai, Messieurs, un autre toast qui sera également cher à son cœur maternel. Buvons à la santé de l'héritier de la couronne, au Prince des Asturies ! »

M. Bauër, rédacteur de l'*Algérie nouvelle*, a porté un toast à l'armée espagnole du Maroc.

« Messieurs,

» L'Espagne a toujours vaillamment combattu les Maures ; il n'y a pas de nation qui ait lutté avec plus de courage et d'énergie pour compléter l'œuvre de la bataille de Lépante.

» Que de fois les drapeaux ibériens ont-ils été plantés sur les côtes inhospitalières de l'Afrique.

» Ce n'était pas la valeur guerrière qui manquait aux vaillants soldats de Charles-Quint, à ces héroïques phalanges, dont nous avons retrouvé les traces partout où nous avons planté notre drapeau.

» C'était, Messieurs, cette lumière supérieure d'une civilisation positive que le temps seul pouvait développer.

» C'étaient ces immortels principes de 89, qui ont déjà envahi toute l'Europe, et dont les traces ineffaçables sont déjà empreintes sur l'univers entier.

» C'étaient ces principes qui ont présidé à la conquête française de l'Algérie et que l'expérience permettra de développer complètement.

» L'œuvre des deux nations doit se compléter l'une par l'autre, et, Français et Espagnols, nous devons tous être heureux de victoires dont le résultat est d'étendre la civilisation sur des côtes inhospitalières.

» Ce que nous voulons, ce que nous désirons, c'est que les Espagnols arrivant en Algérie se sentent en quelque sorte chez eux, qu'ils n'aient à envier aux conquérants de cette terre aucune liberté, aucun privilége.

» Ce que les Espagnols voudront c'est qu'en arrivant dans leurs nouvelles conquêtes, les Français et les Algériens puissent profiter de toutes les prérogatives que les lois du pays assurent aux Castillans.

» De sorte que, en même temps que nous considèrons l'Algérie comme s'étendant jusqu'à Tétuan, les Espagnols pourront croire que leurs frontières ne se terminent qu'aux frontières de Tunis.

» Grâce à l'union des deux peuples, union dont la colonie espagnole d'Alger est le précieux gage, la côte septentrionale de l'Afrique se trouve ouverte à l'activité européenne sur une immense étendue.

» Un des caractères principaux de l'Algérie, c'est, tout en restant française, de fraterniser avec tous les peuples de l'Europe.

» Rien de grand, de généreux dont l'Algérie ne puisse se glorifier au nom de quelques-uns de ses enfants.

» C'est donc avec un sentiment d'orgueil presque national que nous pouvons applaudir aux succès de l'armée espagnole du Maroc et boire à ses triomphes.

» Ainsi, Messieurs,

» A l'armée espagnole ! »

M. le Colonel des Zouaves a remercié, en termes chaleureux, la Commission de l'invitation qui lui avait été faite.

M. Walls lui a répondu en portant un toast en espagnol « à l'armée française, que M. le Colonel des Zouaves représente à ce banquet ! »

M. Segui de Carreras : « Vive la France ! vive l'union ! »

M. Romero : « A l'union de la France et de l'Espagne ! Que leurs armées réunies fassent pénétrer la civilisation dans les contrées les plus reculées de l'Afrique. »

M. Cordona a lu une pièce de vers en l'honneur du duc de Tétuan.

M. Serrano a lu une pièce de vers « A l'armée espagnole d'Afrique ! »

D'autres toasts ont été portés : « aux Généraux de l'armée espagnole, au général Prim, à la prise de Tanger et à la Presse Algérienne. »

M. Cassar : « A l'Espagne ! »

Une adresse de félicitations à la Reine, dont nous donnons le texte plus loin, a été lue par M. Caïmaris, président de la Commission du banquet, et adoptée à l'unanimité. Elle est déposée au Consulat d'Espagne pour recevoir les signatures.

Voici cette adresse :

« Madame,

» Les gloires de la mère-patrie font toujours palpiter d'orgueil le cœur de tout Espagnol, quel que soit le pays qu'il habite, quelle que soit la distance qui le sépare de l'Espagne. Les soussignés, habitants d'Alger, qui se félicitent du titre de fidèles sujets de Votre Majesté, n'ont pu moins faire que d'accueillir avec un saint enthousiasme la nouvelle de la prise de Tétuan, par l'héroïque armée de Votre Majesté, et ont cru de leur devoir de déposer au pied de votre auguste trône leurs plus sincères félicitations.

» Daigne-t-elle les accepter avec bienveillance, unies aux vœux fervents que les soussignés adressent au ciel pour la prospérité de votre Royaume, pour la conservation de votre précieuse existence, pour celle de votre auguste époux, pour celle du Prince des Asturies, sur le front duquel devra se reposer un jour la glorieuse couronne de Votre Majesté. »

On avait admis à la table douze pauvres espagnols et douze pauvres français, entre lesquels les commissaires ont distribué le lendemain le montant d'une quête qui s'est élevée à 235 francs. Une autre quête a été faite par M. le Consul en faveur d'un pauvre Espagnol dont le nom est resté inconnu.

La plus grande cordialité, le plus grand enthousiasme n'ont cessé de régner pendant toute la durée du banquet.

En se retirant, les convives en masse ont reconduit à leurs demeures M. le Consul général d'Espagne et M. le Maire. Le cortége était précédé par plusieurs torches et par la musique des Zouaves qui jouait les airs nationaux auxquels se joignaient les vivats de toute la population, sans distinction de nationalité.

Cette solennité touchante laissera un souvenir durable dans la ville d'Alger.

Le Président,

Signé : **CAÏMARIS**.

Alger, imprimerie mécanique de J. Dubos.

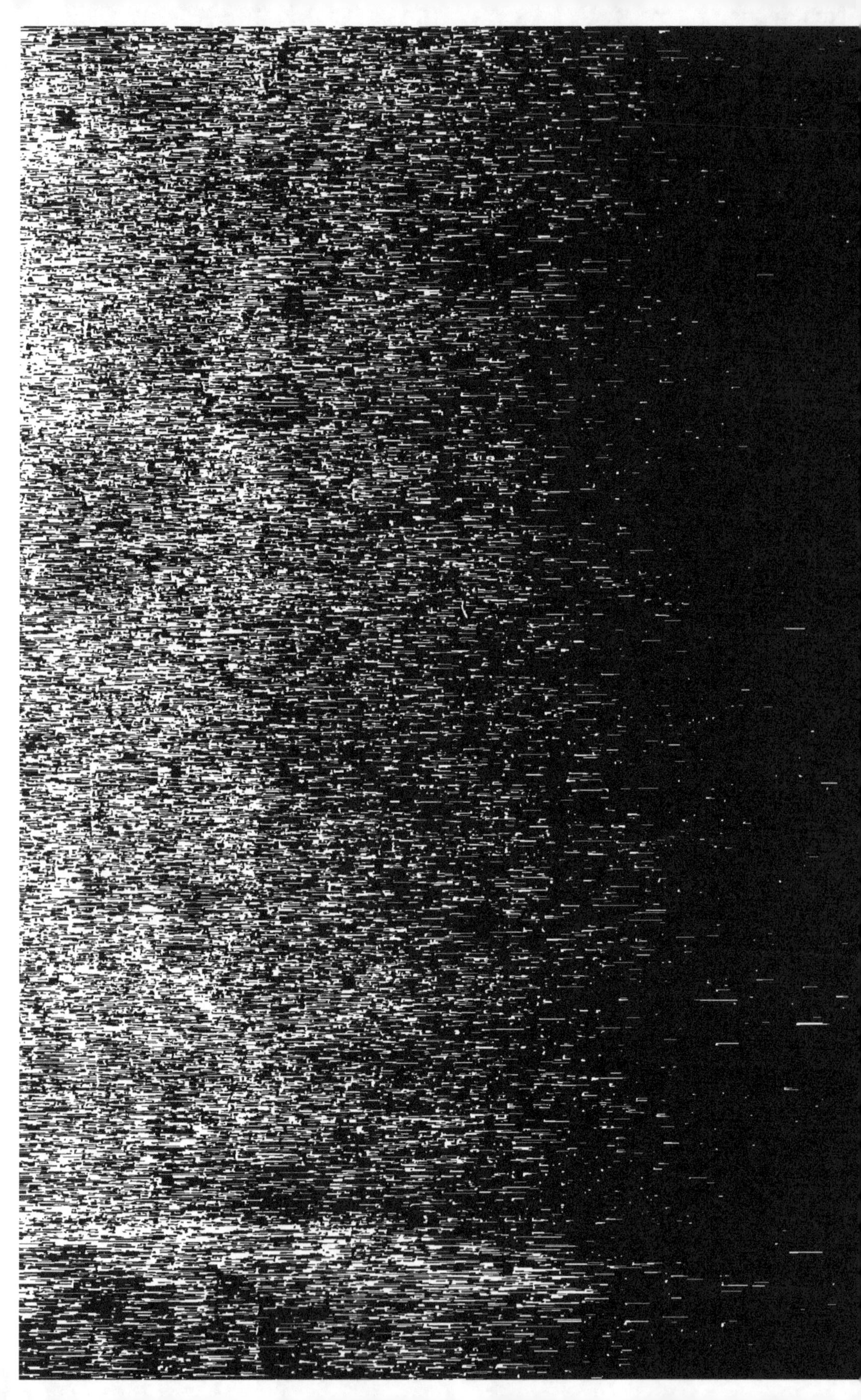